AF221694

Impressum
Verlag: BABADADA GmbH, Nedderfeld 112 , 22529 Hamburg
Geschäftsführer / Verlagsleitung: Harald Hof
Druck: Books on Demand GmbH, In de Tarpen 42, 22848 Norderstedt

Imprint
Publisher: BABADADA GmbH, Nedderfeld 112 , 22529 Hamburg, Germany
Managing Director / Publishing direction: Harald Hof
Print: Books on Demand GmbH, In de Tarpen 42, 22848 Norderstedt, Germany

škola

skola

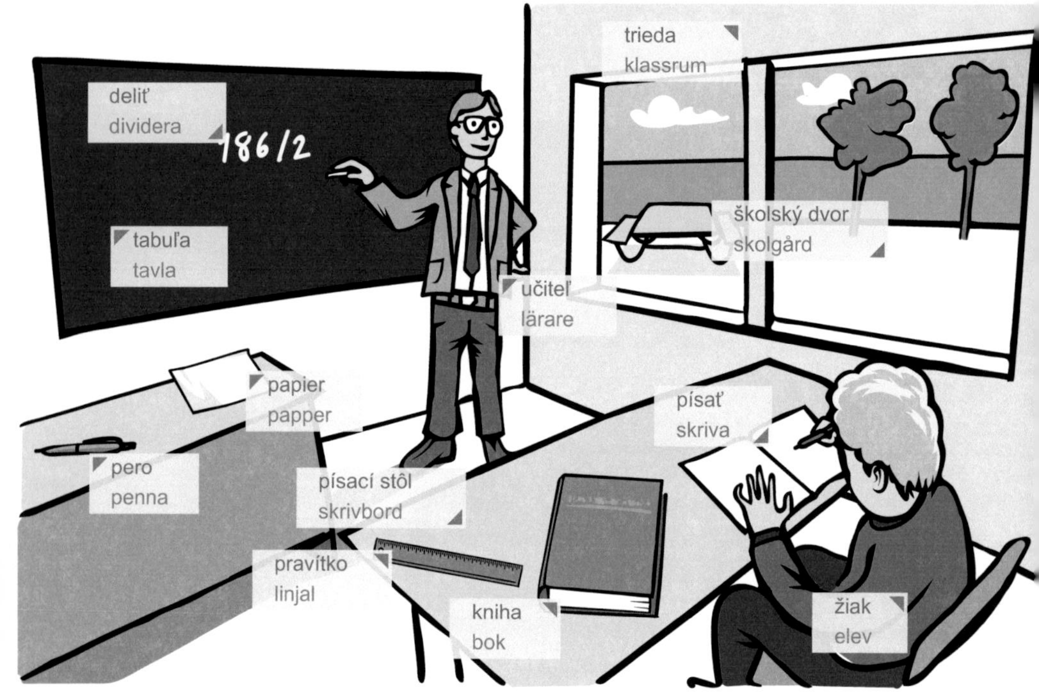
trieda
klassrum
deliť
dividera
186/2
tabuľa
tavla
školský dvor
skolgård
učiteľ
lärare
papier
papper
písať
skriva
pero
penna
písací stôl
skrivbord
pravítko
linjal
kniha
bok
žiak
elev

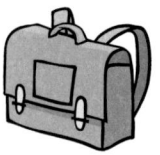

školská taška
....
skolväska

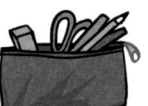

peračník
....
pennfodral

ceruza
....
blyertspenna

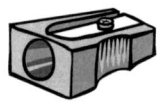

strúhadlo na ceruzky
....
pennvässare

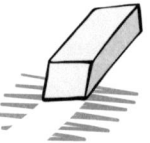

guma
....
suddgummi

skicár
....
ritblock

kresba

teckning

štetec

pensel

vodové farby

målarlåda

nožnice

sax

lepidlo

lim

cvičný zošit

övningsbok

domáca úloha

hemläxa

číslo

tal

sčítať

addera

odčítať

subtrahera

násobiť

multiplicera

počítať

räkna

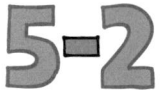

písmeno

bokstav

abeceda

alfabet

slovo

ord

text

text

čítať

läsa

krieda

krita

hodina

lektion

triedna kniha

register

skúška

prov

certifikát

intyg

školská uniforma

skoluniform

vzdelanie

utbildning

encyklopédia

uppslagsverk

univerzita

universitet

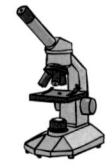

mikroskop

mikroskop

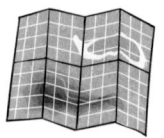

mapa

karta

kôš na papier

papperskorg

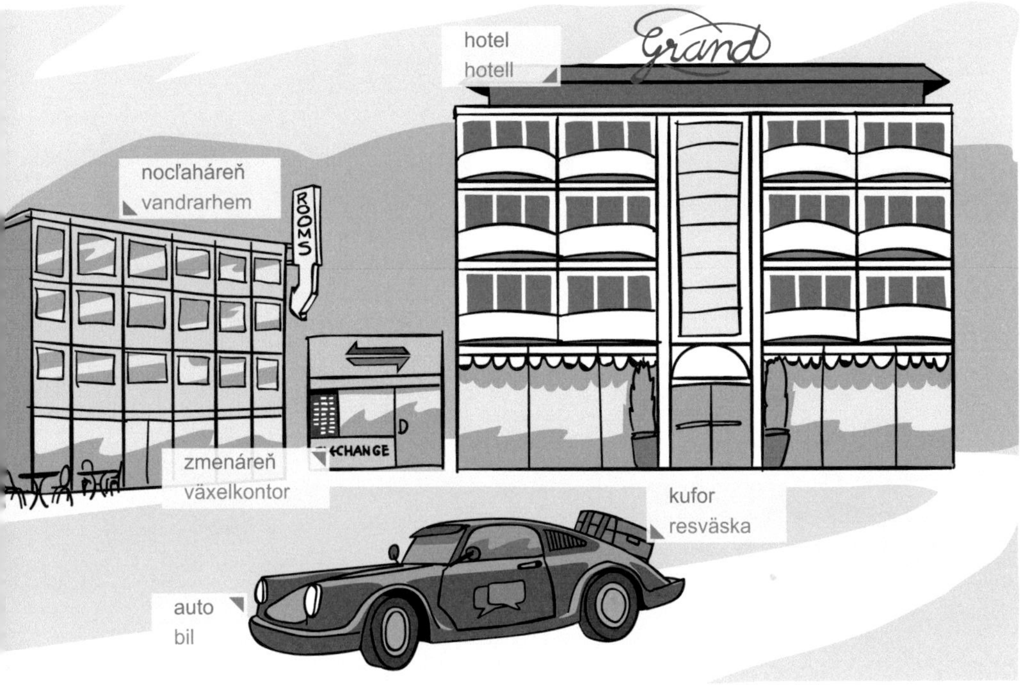

hotel
hotell
Grand
nocľaháreň
vandrarhem
ROOMS
zmenáreň
växelkontor
EXCHANGE
kufor
resväska
auto
bil

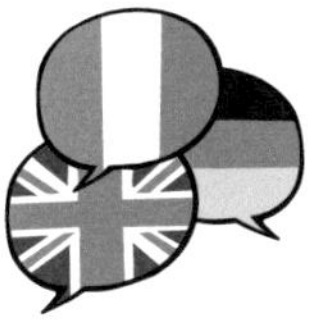

jazyk

språk

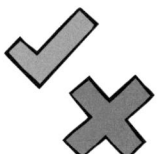

áno/nie

ja / nej

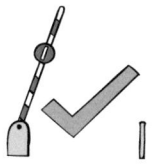

v poriadku

Okay

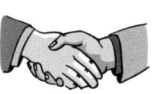

ahoj

hej

prekladateľ

översättare

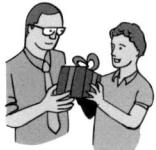

ďakujem

Tack

Koľko stojí ... ?

hur mycket kostar…?

Nerozumiem

jag förstår inte

problém

problem

Dobrý večer!

God kväll!

Dobré ráno!

God morgon!

Dobrú noc!

God natt!

Dovidenia

hejdå

smer

riktning

batožina

bagage

taška

väska

batoh

ryggsäck

hosť

gäst

izba

rum

spacák

sovsäck

stan

tält

informácie pre turistov

turistinformation

pláž

strand

kreditná karta

kreditkort

raňajky

frukost

obed

lunch

večera

middag

cestovný lístok

biljett

výťah

hiss

poštová známka

frimärke

hranica

gräns

clo

tull

veľvyslanectvo

ambassad

vízum

visum

cestovný pas

pass

doprava
transport

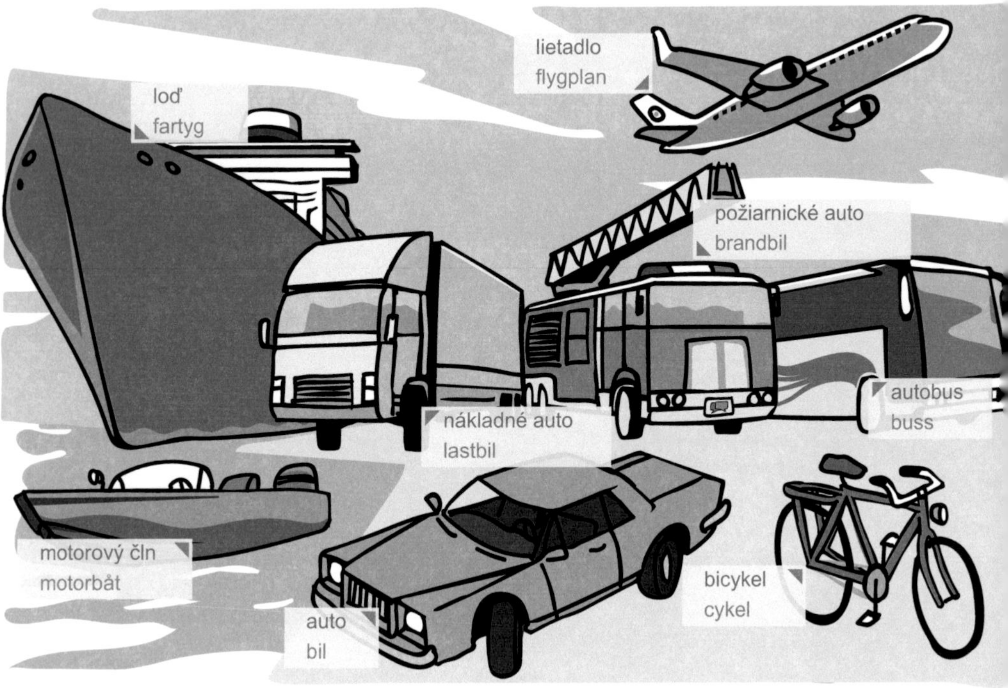
lietadlo
flygplan
loď
fartyg
požiarnické auto
brandbil
autobus
buss
nákladné auto
lastbil
motorový čln
motorbåt
bicykel
cykel
auto
bil

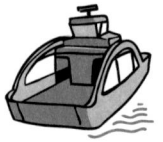

trajekt

färja

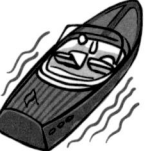

loď

båt

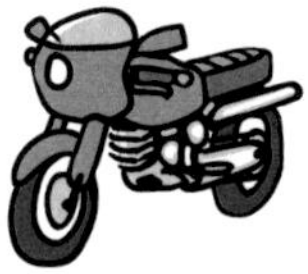

motorka

motorcykel

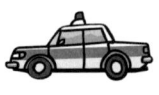

policajné auto

polisbil

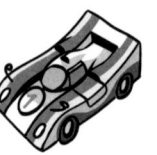

pretekárske auto

racerbil

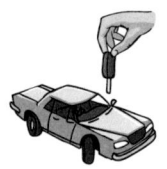

vozidlo z požičovne

hyrbil

carsharing

bilpool

odťahové auto

bärgningsbil

smetiarske auto

sopbil

motor

motor

benzín

bränsle

čerpacia stanica

bensinstation

dopravná značka

vägmärke

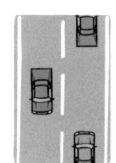

premávka

trafik

zápcha

bilkö

parkovisko

parkeringsplats

vlaková stanica

tågstation

trate

räls

vlak

tåg

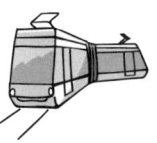

električka

spårvagn

vagón

vagn

helikoptéra

helikopter

letisko

flygplats

veža

torn

pasažier

passagerare

kontajner

container

kartón

kartong

vozík

vagn

kôš

korg

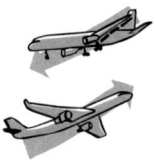

štartovať / pristáť

starta / landa

mesto
stad

dedina

by

centrum mesta

centrum

dom

hus

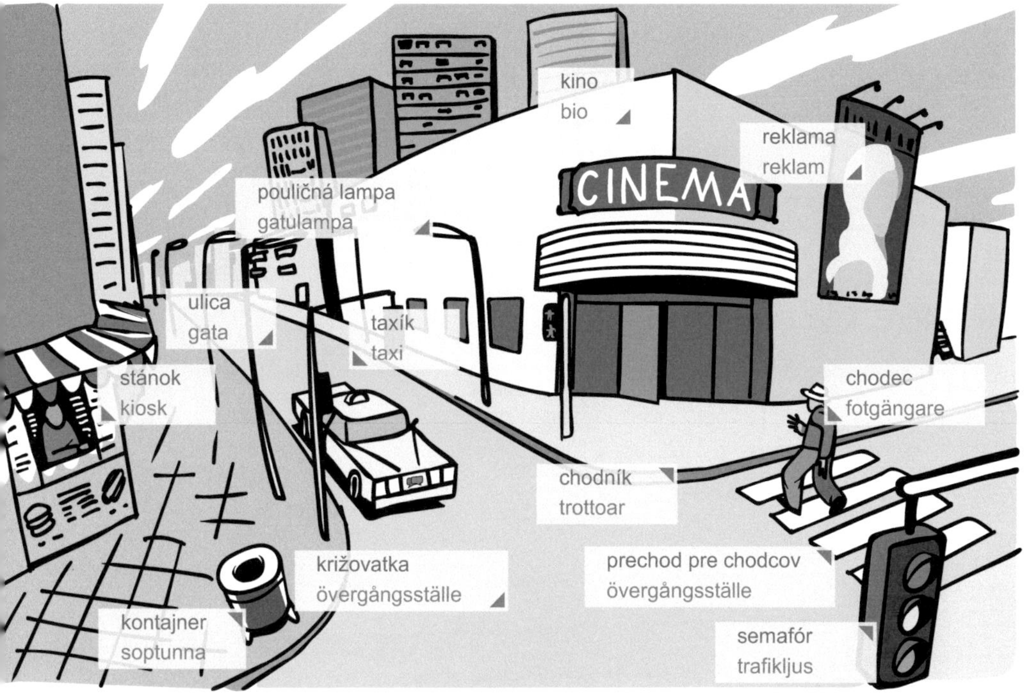

kino
bio

reklama
reklam

pouličná lampa
gatulampa

CINEMA

ulica
gata

taxík
taxi

stánok
kiosk

chodec
fotgängare

chodník
trottoar

križovatka
övergångsställe

prechod pre chodcov
övergångsställe

kontajner
soptunna

semafór
trafikljus

chata

stuga

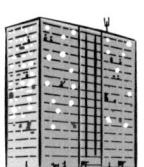

byt

lägenhet

vlaková stanica

tågstation

radnica

stadshus

múzeum

museum

škola

skola

univerzita

universitet

banka

bank

nemocnica

sjukhus

hotel

hotell

lekáreň

apotek

kancelária

kontor

kníhkupectvo

bokhandel

obchod

affär

kvetinárstvo

blomsterbutik

supermarket

stormarknad

trh

marknad

obchodný dom

varuhus

obchodník s rybami

fiskhandlare

nákupné stredisko

köpcentrum

prístav

hamn

park

park

lavička

bänk

most

brygga

schody

trappa

metro

tunnelbana

tunel

tunnel

autobusová zastávka

busshållplats

bar

bar

reštaurácia

restaurang

poštová schránka

brevlåda

tabuľa s názvom ulice

gatuskylt

parkovacie hodiny

parkeringsautomat

ZOO

zoo

plaváreň

simbassäng

mešita

moské

farma

bondgård

znečisťovanie životného prostredia

förorening

cintorín

kyrkogård

kostol

kyrka

ihrisko

lekplats

chrám

tempel

terén
landskap

list
löv

smerová tabuľa
vägskylt

cesta
väg

lúka
äng

kameň
sten

strom
träd

turista
liftare

rieka
flod

tráva
gräs

kvet
blomma

dolina

dal

kopec

kulle

jazero

sjö

les

skog

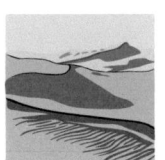

púšť

öken

vulkán

vulkan

zámok

slott

dúha

regnbåge

hríb

svamp

palma

palm

komár

mygga

mucha

fluga

mravec

myra

včela

bi

pavúk

spindel

chrobák

skalbagge

žaba

groda

veverička

ekorre

jež

igelkott

zajac

hare

sova

uggla

vták

fågel

labuť

svan

diviak

vildsvin

jeleň

rådjur

los

älg

hrádza

damm

veterná turbína

vindkraftverk

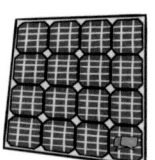

solárny panel

solcellspanel

podnebie

klimat

reštaurácia
restaurang

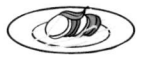

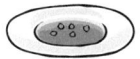

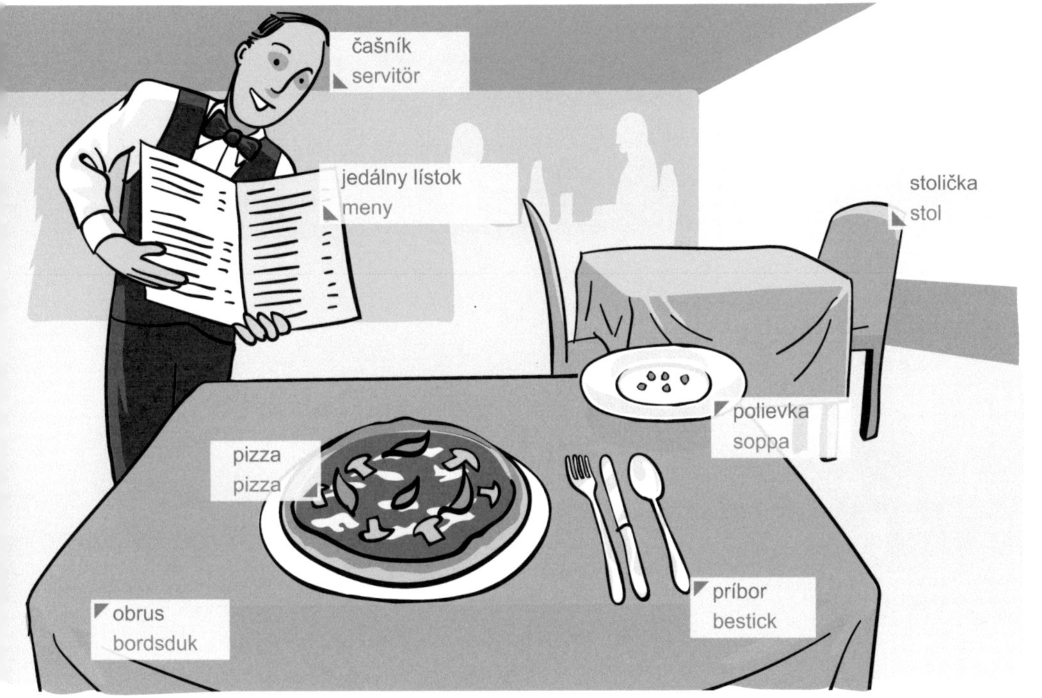

čašník
servitör
jedálny lístok
meny
stolička
stol
polievka
soppa
pizza
pizza
príbor
bestick
obrus
bordsduk

predjedlo

förrätt

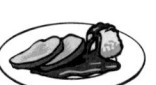

hlavné jedlo

huvudrätt

zákusok

dessert

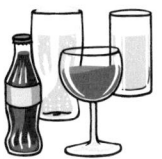

nápoje

drycker

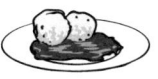

jedlo

mat

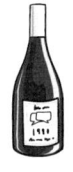

fľaša

flaska

fast-food

snabbmat

street food

street food

kanvica na čaj

tekanna

cukornička

sockerskål

porcia

portion

stroj na espresso

espressomaskin

detská stolička

barnstol

účet

räkning

podnos

bricka

nôž

kniv

vidlička

gaffel

lyžica

sked

čajová lyžička

tesked

obrúsok

servett

pohár

glas

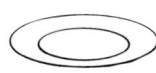

tanier

tallrik

hlboký tanier

sopptallrik

podšálka

tefat

omáčka

sås

soľnička

saltkar

mlynček na korenie

pepparkvarn

ocot

vinäger

olej

olja

korenie

kryddor

kečup

ketchup

horčica

senap

majonéza

majonnäs

supermarket
stormarknad

špeciálna ponuka
specialerbjudande
FOR
klient
kund
mliečne výrobky
mejeriprodukter
ovocie
frukt
nákupný vozík
varukorg

BUTCHERS

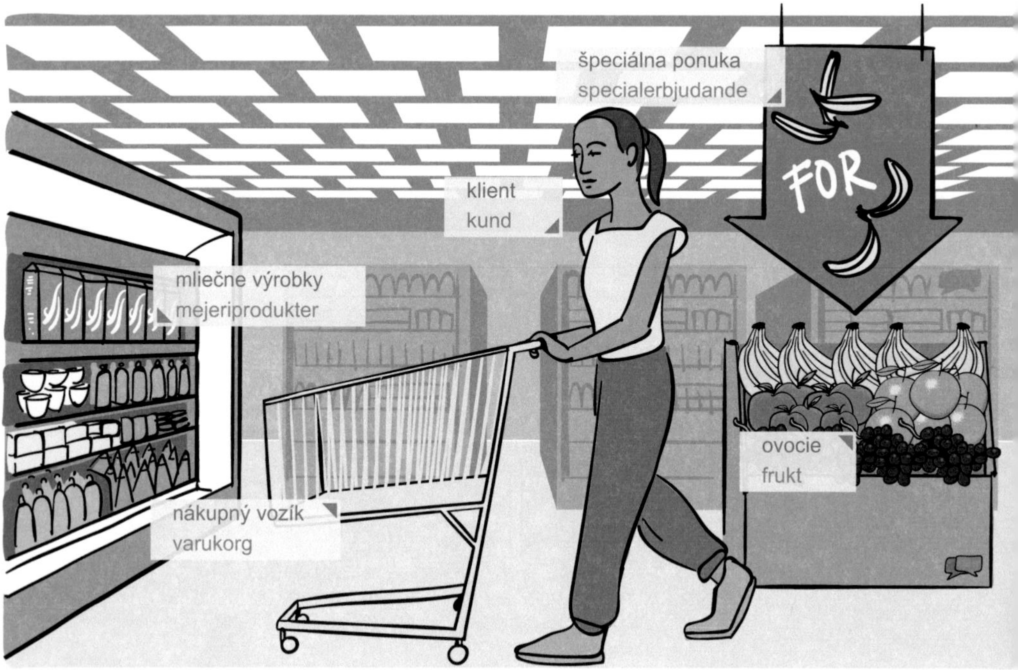

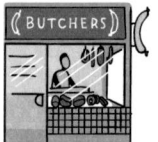

mäsiarstvo

charkuteri

BAKERY

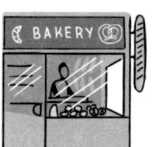

pekáreň

bageri

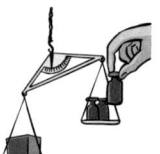

vážiť

väga

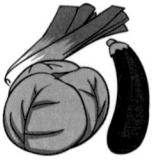

zelenina

grönsaker

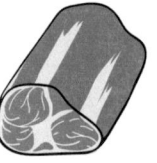

mäso

kött

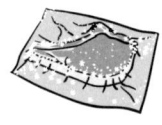

mrazené potraviny

frysta livsmedel

nárez

pålägg

konzervy

konserver

prací prostriedok

tvättmedel

sladkosti

godis

domáce potreby

hushållsprodukter

čistiace prostriedky

rengöringsmedel

predavačka

försäljare

pokladňa

kassa

pokladník

kassör

nákupný zoznam

inköpslista

otváracie hodiny

öppettider

peňaženka

plånbok

kreditná karta

kreditkort

taška

väska

plastové vrecko

plastpåse

voda

vatten

džús

juice

mlieko

mjölk

kola

cola

víno

vin

pivo

öl

alkohol

alkohol

kakao

kakao

čaj

te

káva

kaffe

espresso

espresso

kapučíno

cappuccino

banán

banan

jablko

äpple

pomaranč

apelsin

melón

melon

citrón

citron

mrkva

morot

cesnak

vitlök

bambus

bambu

cibuľa

lök

hríb

svamp

orechy

nötter

rezance

nudlar

špagety

spaghetti

ryža

ris

šalát

sallad

hranolky

pommes frites

pečené zemiaky

stekt potatis

pizza

pizza

hamburger

hamburgare

obložený chlebík

smörgås

rezeň

schnitzel

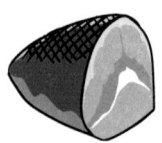

šunka

skinka

saláma

salami

klobása

korv

kurča

kyckling

pečené mäso

stek

ryba

fisk

ovsené vločky

havregryn

müsli

müsli

kukuričné lupienky

cornflakes

múka

mjöl

croissant

croissant

pečivo

fralla

chlieb

bröd

hrianka

rostat bröd

sušienky

kex

maslo

smör

tvaroh

kvarg

koláč

kaka

vajce

ägg

volské oko

stekt ägg

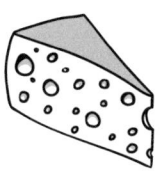

syr

ost

zmrzlina

glass

cukor

socker

med

honung

lekvár

sylt

nugátová nátierka

nougatkräm

karí korenie

curry

farma
bondgård

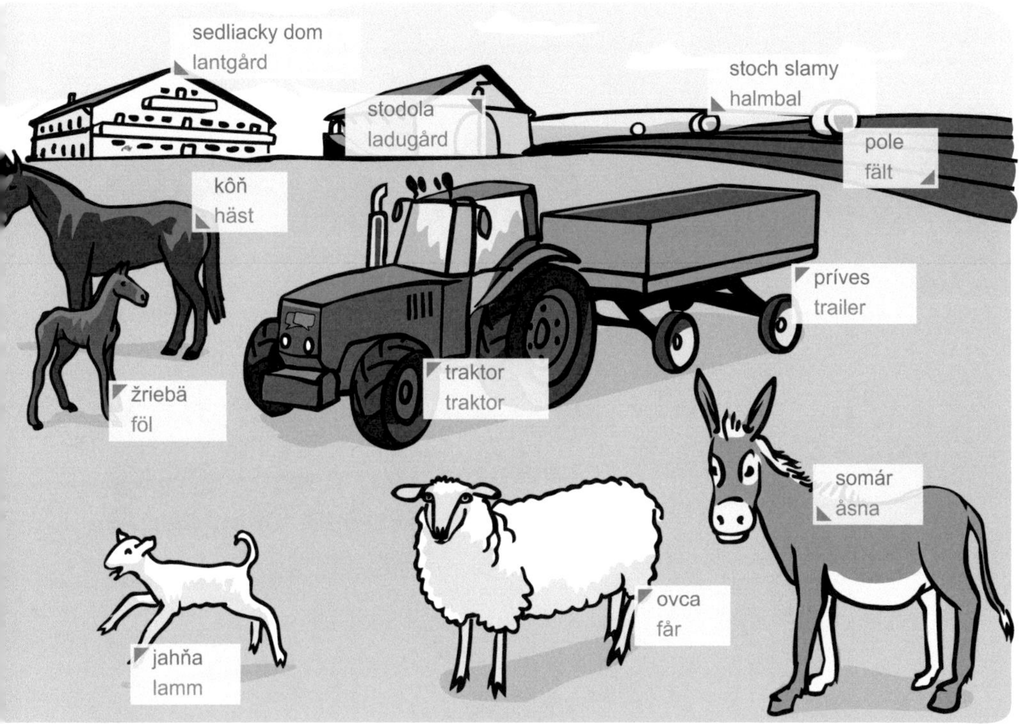
sedliacky dom
lantgård
stodola
ladugård
stoch slamy
halmbal
pole
fält
kôň
häst
príves
trailer
žriebä
föl
traktor
traktor
somár
åsna
ovca
får
jahňa
lamm

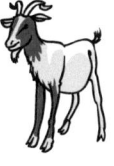

koza

get

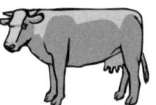

krava

ko

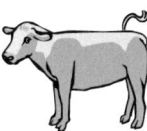

teľa

kalv

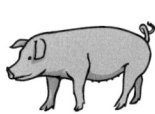

prasa

gris

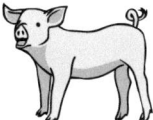

prasiatko

griskulting

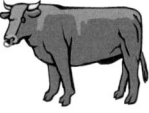

býk

tjur

hus

gås

kačica

anka

kuriatko

kyckling

sliepka

höna

kohút

tupp

potkan

råtta

mačka

katt

myš

mus

vôl

oxe

pes

hund

psia búda

hundkoja

záhradná hadica

trädgårdsslang

krhla

vattenkanna

kosa

lie

pluh

plog

kosák

skära

motyka

hacka

vidly na hnoj

högaffel

sekera

yxa

fúrik

skottkärra

koryto

tråg

kanva na mlieko

mjölkflaska

vrece

säck

plot

staket

maštaľ

stall

skleník

växthus

pôda

jord

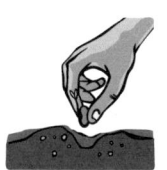

osivo

säd

hnojivo

gödsel

kombajn

skördetröska

žať

skörda

žatva

skörd

batát

jams

pšenica

vete

sója

soja

zemiak

potatis

kukurica

majs

repka

raps

ovocný strom

fruktträd

maniok

maniok

obilie

spannmål

dom
hus

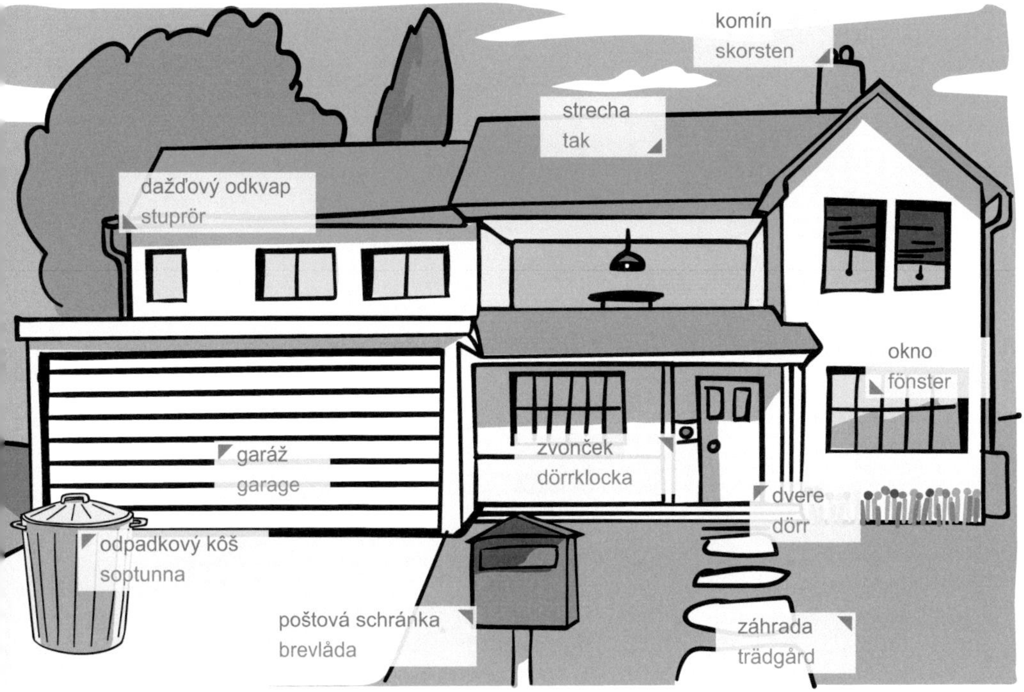
komín
skorsten
strecha
tak
dažďový odkvap
stupрör
okno
fönster
zvonček
dörrklocka
garáž
garage
dvere
dörr
odpadkový kôš
soptunna
poštová schránka
brevlåda
záhrada
trädgård

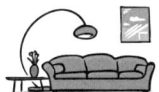

obývačka

vardagsrum

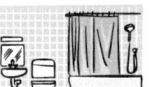

kúpeľňa

badrum

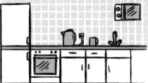

kuchyňa

kök

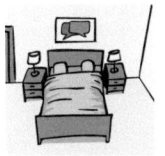

spálňa

sovrum

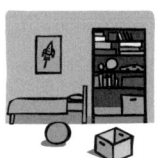

detská izba

barnrum

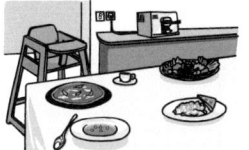

jedáleň

matsal

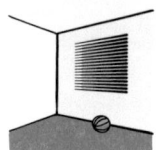

podlaha

golv

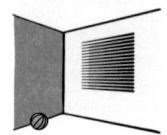

stena

vägg

strop

tak

pivnica

källare

sauna

bastu

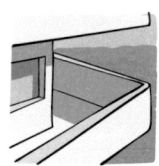

balkón

balkong

terasa

terrass

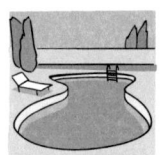

bazén

bassäng

kosačka

gräsklippare

obliečka

lakan

posteľná prikrývka

överkast

posteľ

säng

metla

kvast

vedro

hink

vypínač

strömbrytare

obývačka
vardagsrum

tapeta
tapet
obraz
bild
lampa
lampa
regál
hylla
skriňa
skåp
televízor
TV
kozub
eldstad
kvet
blomma
vankúš
kudde
pohovka
soffa
váza
vas
diaľkové ovládanie
fjärrkontroll

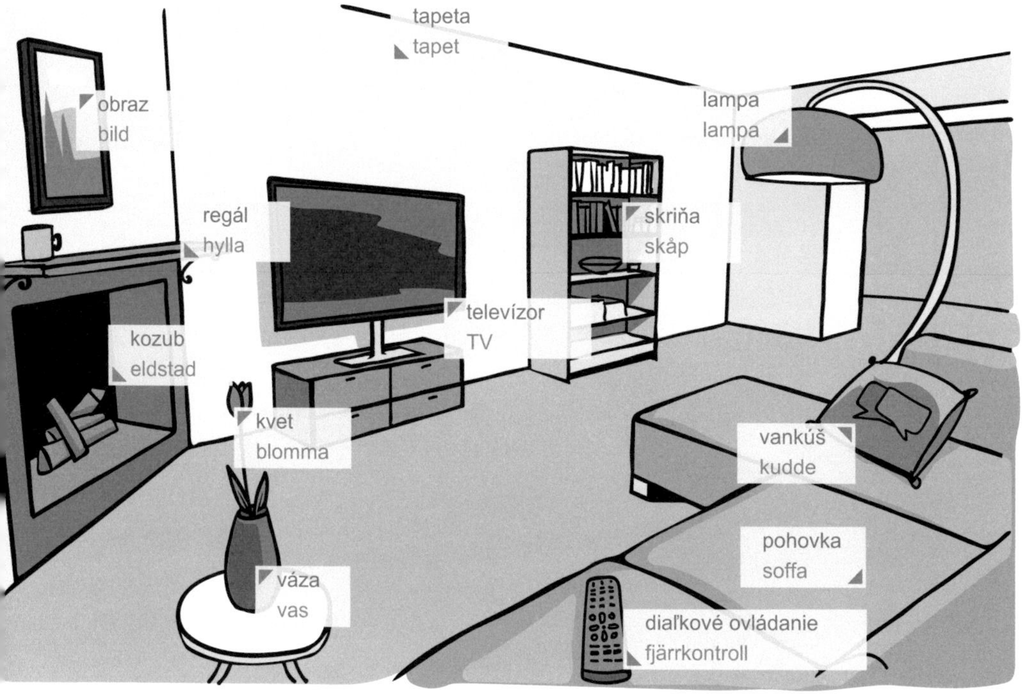

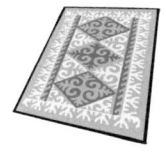

koberec

matta

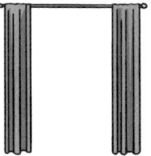

záclona

gardin

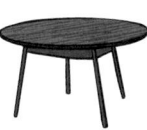

stôl

bord

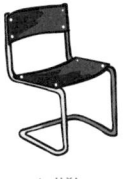

stolička

stol

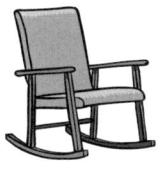

hojdacie kreslo

gungstol

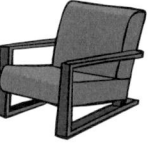

kreslo

fåtölj

kniha

bok

prikrývka

filt

dekorácia

dekoration

drevo na kúrenie

vedträ

film

film

hi-fi veža

stereoanläggning

kľúč

nyckel

noviny

dagstidning

maľba

målning

plagát

poster

rádio

radio

zápisník

anteckningsbok

vysávač

dammsugare

kaktus

kaktus

sviečka

stearinljus

kuchyňa
kök

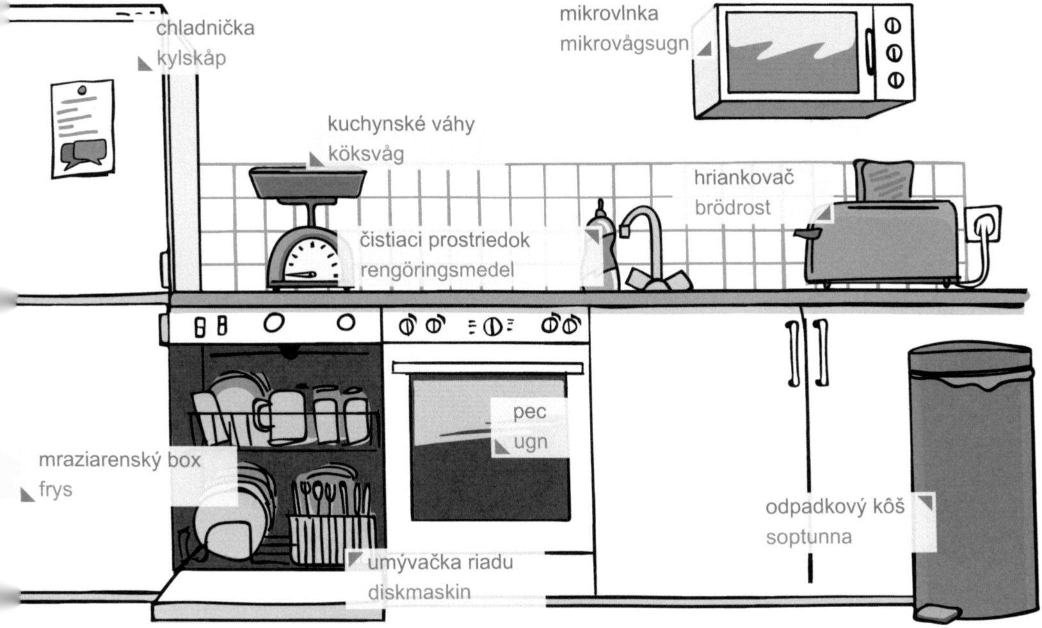
chladnička
kylskåp
mikrovlnka
mikrovågsugn
kuchynské váhy
köksvåg
hriankovač
brödrost
čistiaci prostriedok
rengöringsmedel
pec
ugn
mraziarenský box
frys
odpadkový kôš
soptunna
umývačka riadu
diskmaskin

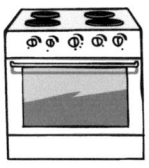

sporák

spis

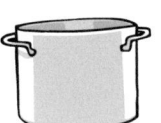

hrniec

kastrull

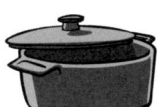

železný hrniec

järngryta

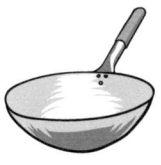

wok / kadai

wok / kadai

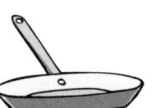

panvica

stekpanna

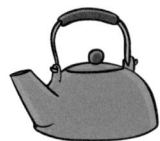

rýchlovarná kanvica

vattenkokare

parný hrniec

ångkokare

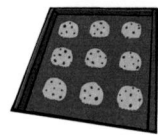

plech na pečenie

bakplåt

riad

porslin

pohár

mugg

misa

skål

paličky

ätpinnar

naberačka na polievku

soppslev

stierka

stekspade

metlička

visp

cedidlo

durkslag

sitko

sil

strúhadlo

rivjärn

mažiar

mortel

gril

grill

ohnisko

brasa

doska na krájanie

skärbräda

valček na cesto

kavel

vývrtka

korskruv

konzerva

burk

otvárač na konzervy

burköppnare

chňapka

grytlapp

výlevka

vask

kefa

borste

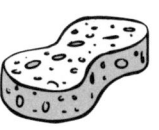

hubka

svamp

mixér

mixer

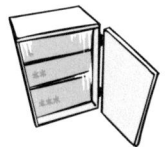

mraznička

frys

kojenecká fľaša

nappflaska

vodovodný kohútik

kran

kúpeľňa
badrum

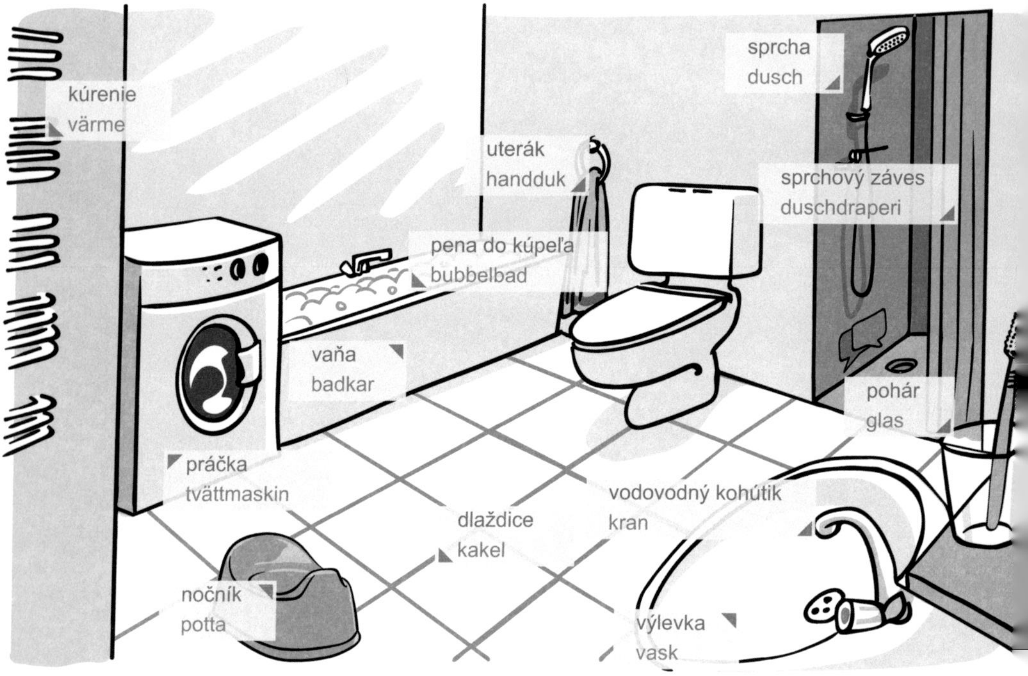

sprcha
dusch

kúrenie
värme

uterák
handduk

sprchový záves
duschdraperi

pena do kúpeľa
bubbelbad

vaňa
badkar

pohár
glas

práčka
tvättmaskin

vodovodný kohútik
kran

dlaždice
kakel

nočník
potta

výlevka
vask

záchod

....

toalett

suchý záchod

....

låg toalett

bidet

....

bidet

pisoár

....

pissoar

toaletný papier

....

toalettpapper

záchodová kefa

....

toalettborste

zubná kefka

tandborste

zubná pasta

tandkräm

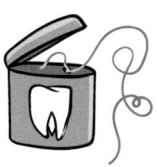

dentálna niť

tandtråd

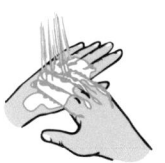

umývať

tvätta

ručná sprcha

handdusch

sprcha pre intímnu hygienu

intimdusch

umývadlo

handfat

kefa na chrbát

ryggborste

mydlo

tvål

sprchový gél

duschgel

šampón

schampo

frotírová rukavica

trasa

odtok

avlopp

krém

crème

dezodorant

deodorant

zrkadlo

spegel

kozmetické zrkadlo

handspegel

žiletka

rakhyvel

pena na holenie

raklödder

voda po holení

rakvatten

hrebeň

kam

kefa

borste

sušič vlasov

hårtork

sprej na vlasy

hårspray

make-up

smink

rúž

läppstift

lak na nechty

nagellack

vata

bomullsvadd

nožnice na nechty

nagelsax

parfum

parfym

kozmetická taška

necessär

stolček

pall

váha

våg

kúpací plášť

badrock

gumové rukavice

gummihandskar

tampón

tampong

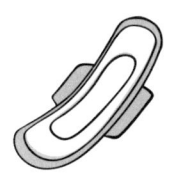

menštruačná vložka

binda

chemické WC

kemisk toalett

budík
väckarklocka

plyšová hračka
gosedjur

hračkárske auto
leksaksbil

domček pre bábiky
dockhus

dar
present

hrkálka
skallra

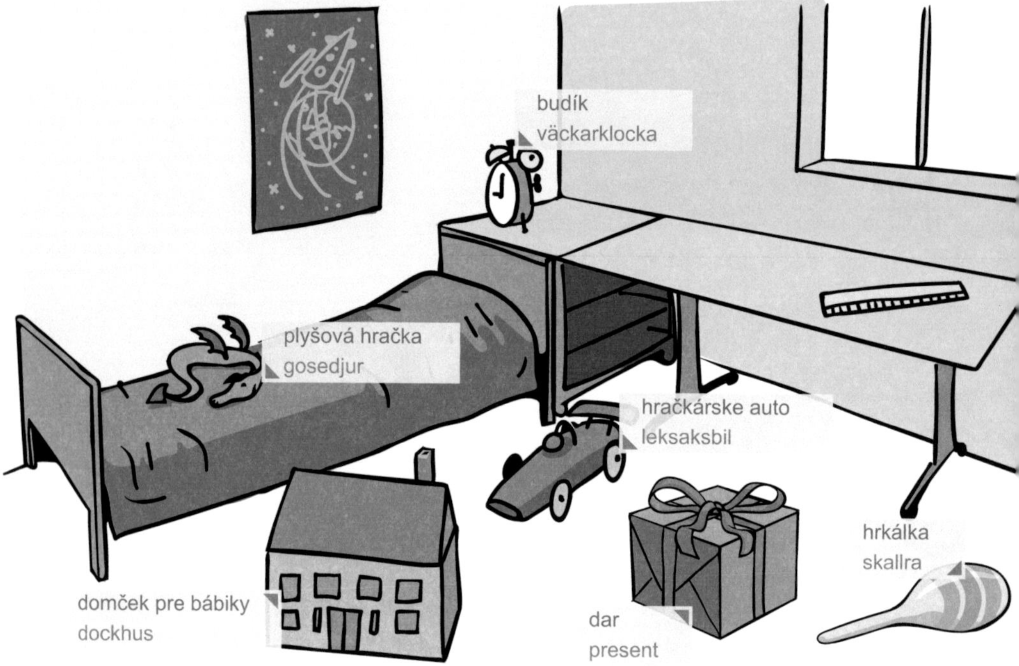

balón
ballong

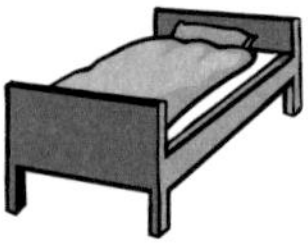

posteľ
säng

detský kočík
barnvagn

karty
kortlek

puzzle
pussel

komix
serietidning

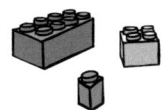

skladačka lego

legobitar

stavebnica

klossar

akčná postavička

actionfigur

dupačky

sparkdräkt

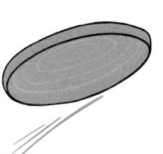

lietajúci tanier

frisbee

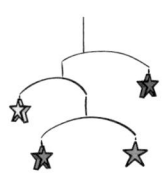

závesné hračky

mobil

stolová hra

brädspel

kocka

tärning

modelový vláčik

modelljärnväg

cumlík

napp

párty

party

obrázková kniha

bilderbok

lopta

boll

bábika

docka

hrať sa

spela

pieskovisko

sandlåda

hojdačka

gunga

hračky

leksaker

hracia konzola

spelkonsol

trojkolka

trehjuling

medvedík

nalle

šatník

garderob

šatstvo
kläder

ponožky

sockar

pančuchy

strumpor

pančuchové nohavičky

tights

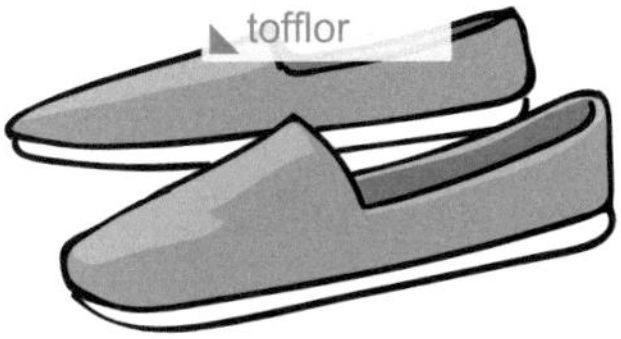

šál
halsduk

dáždnik
paraply

tričko
t-shirt

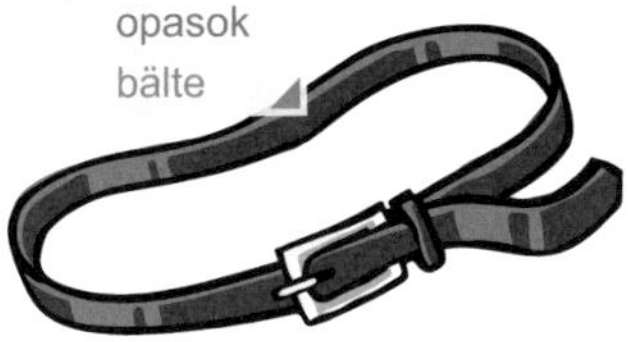

opasok
bälte

čižmy
stövlar

papuče
tofflor

tenisky
sneakers

sandále
....
sandaler

topánky
....
skor

gumáky
....
gummistövlar

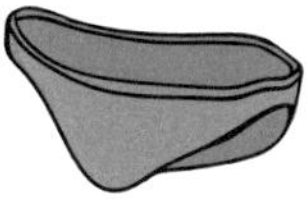

spodky
....
underbyxor

podprsenka
....
BH

tielko
....
linne

body

body

nohavice

byxor

džínsy

jeans

sukňa

kjol

blúzka

blus

košeľa

skjorta

pulóver

pullover

sveter

sweater

blejzer

blazer

bunda

jacka

kabát

kappa

pršiplášť

regnjacka

kostým

dräkt

šaty

klänning

svadobné šaty

bröllopsklänning

oblek

kostym

nočná košeľa

nattlinne

pyžamo

pyjamas

sari

sari

šatka na hlavu

slöja

turban

turban

burka

burka

kaftan

kaftan

abaja

abaya

dvojdielne plavky

baddräkt

plavky

badbyxor

šortky

shorts

tepláková súprava

träningsoverall

zástera

förkläde

rukavice

handskar

gombík

knapp

okuliare

glasögon

náramok

armband

retiazka

halsband

prsteň

ring

náušnica

örhänge

čiapka

mössa

vešiak

galge

klobúk

hatt

kravata

slips

zips

dragkedja

prilba

hjälm

traky

hängslen

školská uniforma

skoluniform

uniforma

uniform

podbradník

haklapp

cumlík

napp

plienka

blöja

kancelária
kontor

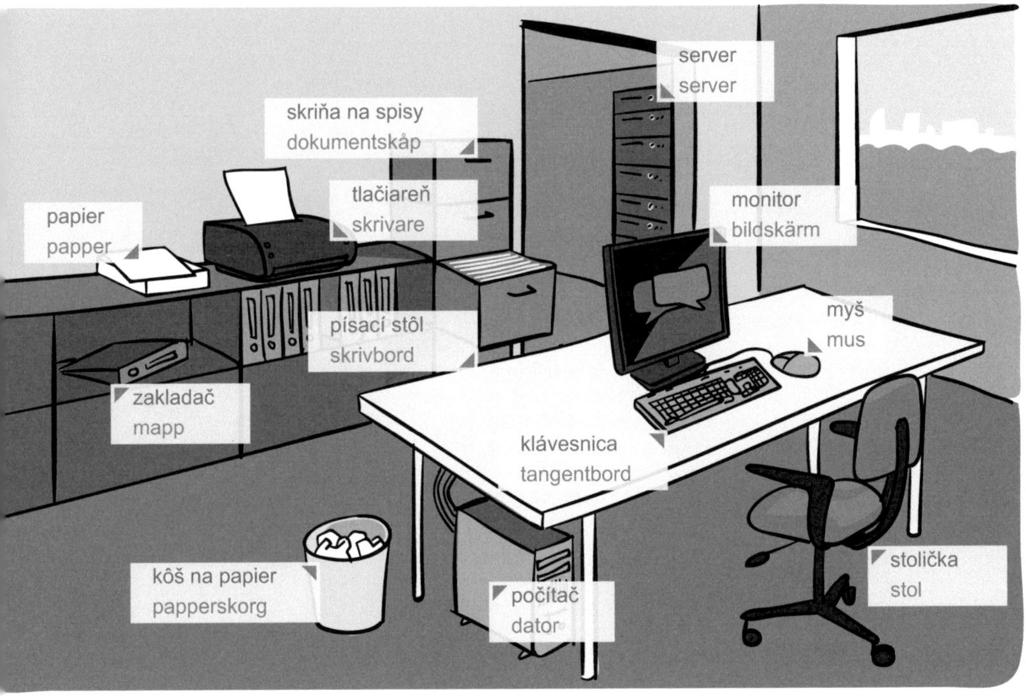

server
server

skriňa na spisy
dokumentskåp

tlačiareň
skrivare

monitor
bildskärm

papier
papper

písací stôl
skrivbord

myš
mus

zakladač
mapp

klávesnica
tangentbord

kôš na papier
papperskorg

počítač
dator

stolička
stol

hrnček na kávu

kaffemugg

kalkulačka

miniräknare

internet

internet

laptop

bärbar dator

list

brev

správa

meddelande

mobil

mobiltelefon

sieť

nätverk

kopírka

kopieringsapparat

softvér

programvara

telefón

telefon

elektrická zásuvka

vägguttag

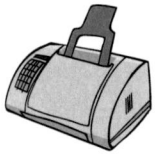

fax

fax

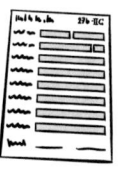

formulár

blankett

doklad

dokument

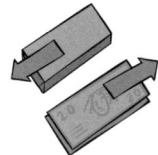

kúpiť

köpa

platiť

betala

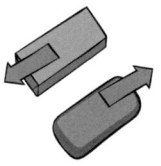

obchodovať

handla

peniaze

pengar

dolár

dollar

euro

euro

jen

yen

rubeľ

rubel

švajčiarsky frank

schweizisk franc

čínsky jüan

renminbi yan

rupia

rupie

bankomat

bankomat

zmenáreň

växelkontor

zlato

guld

striebro

silver

ropa

olja

energia

energi

cena

pris

zmluva

kontrakt

daň

skatt

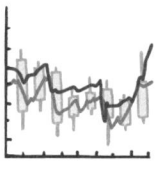

akcia

aktie

pracovať

arbeta

zamestnanec

anställd

zamestnávateľ

arbetsgivare

továreň

fabrik

obchod

affär

povolania
yrken

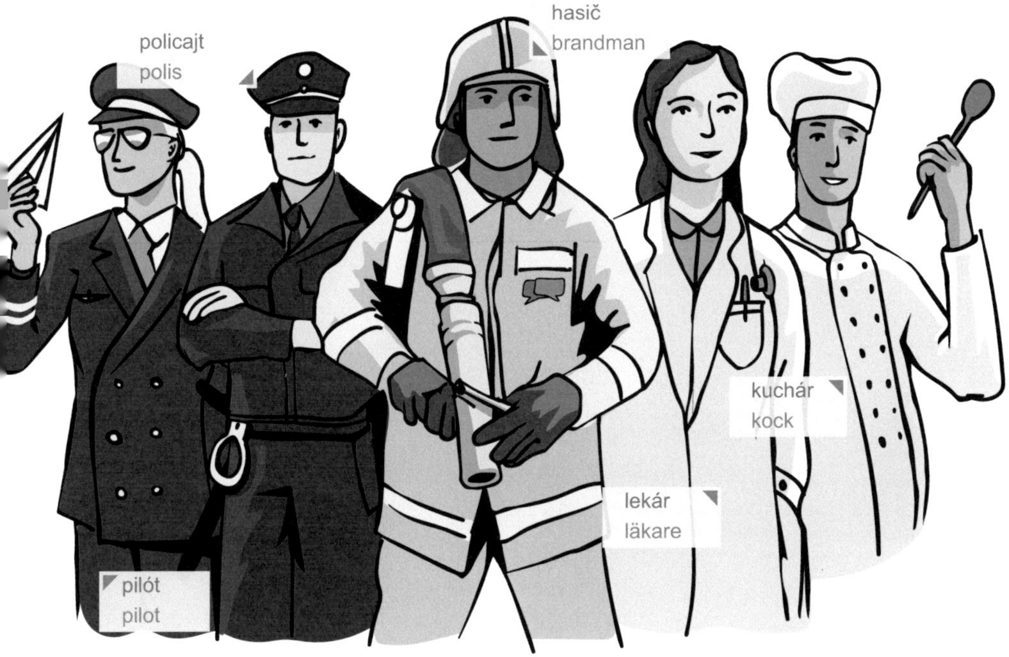
policajt
polis
hasič
brandman
kuchár
kock
lekár
läkare
pilót
pilot

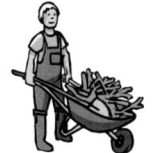

záhradník

trädgårdsmästare

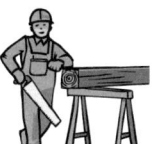

stolár

snickare

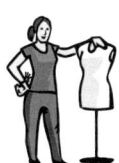

krajčírka

sömmerska

sudca

domare

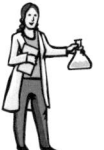

chemik

kemist

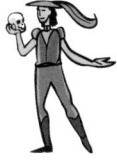

herec

skådespelare

vodič autobusu

busschaufför

taxikár

taxichaufför

rybár

fiskare

upratovačka

städerska

pokrývač

takläggare

čašník

servitör

poľovník

jägare

maliar

målare

pekár

bagare

elektrikár

elektriker

stavebný robotník

byggarbetare

inžinier

ingenjör

mäsiar

slaktare

klampiar

rörmokare

poštár

brevbärare

vojak

soldat

architekt

arkitekt

pokladník

kassör

kvetinár

florist

kaderník

frisör

sprievodca

konduktör

mechanik

mekaniker

kapitán

kapten

zubár

tandläkare

vedec

vetenskapsman

rabín

rabbin

imám

imam

mních

munk

farár

präst

náradie
verktyg

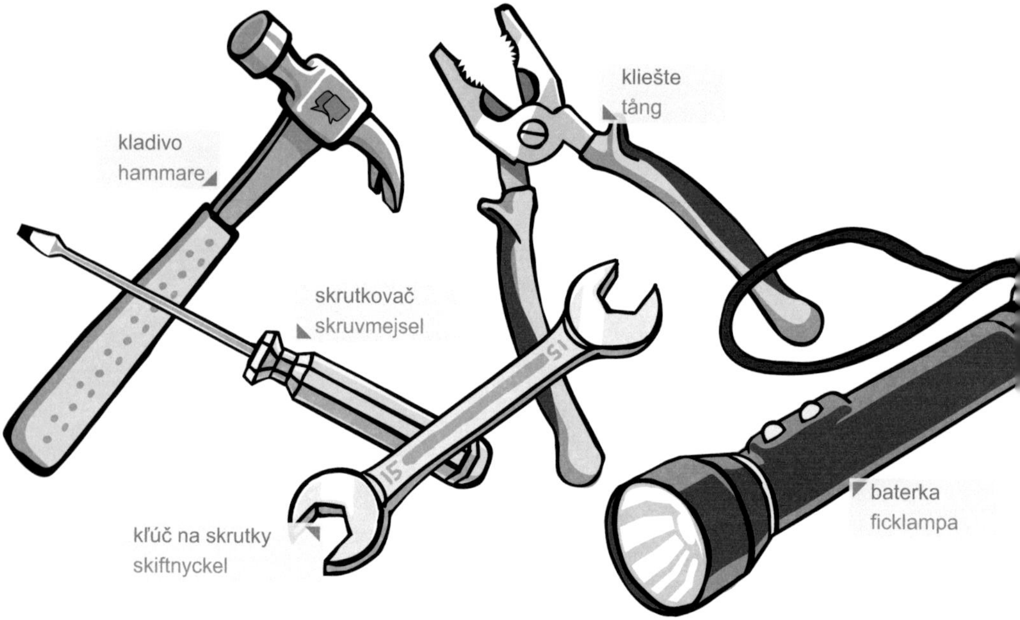
kliešte
tång
kladivo
hammare
skrutkovač
skruvmejsel
kľúč na skrutky
skiftnyckel
baterka
ficklampa

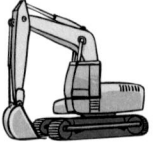

bager

grävmaskin

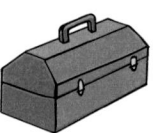

súprava náradia

verktygslåda

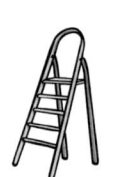

rebrík

stege

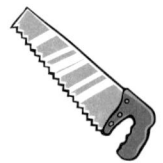

pílka

såg

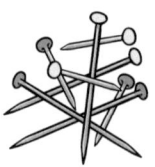

klince

spik

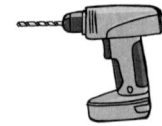

vrták

borr

opraviť

reparera

lopata

spade

Do čerta!

Helvete!

lopatka na smeti

sopskyffel

nádoba s farbou

färgburk

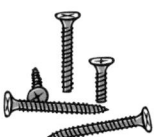

skrutky

skruvar

hudobné nástroje
musikinstrument

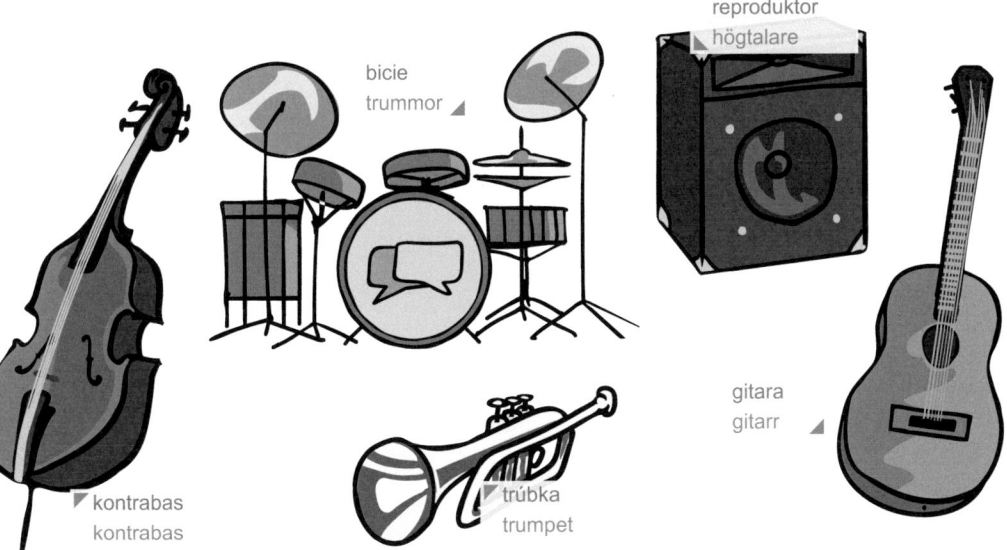

reproduktor
högtalare

bicie
trummor

gitara
gitarr

kontrabas
kontrabas

trúbka
trumpet

klavír

piano

husle

violin

basa

bas

tympany

timpani

bubon

trumma

klávesnica

keyboard

saxofón

saxofon

flauta

flöjt

mikrofón

mikrofon

ZOO

zoo

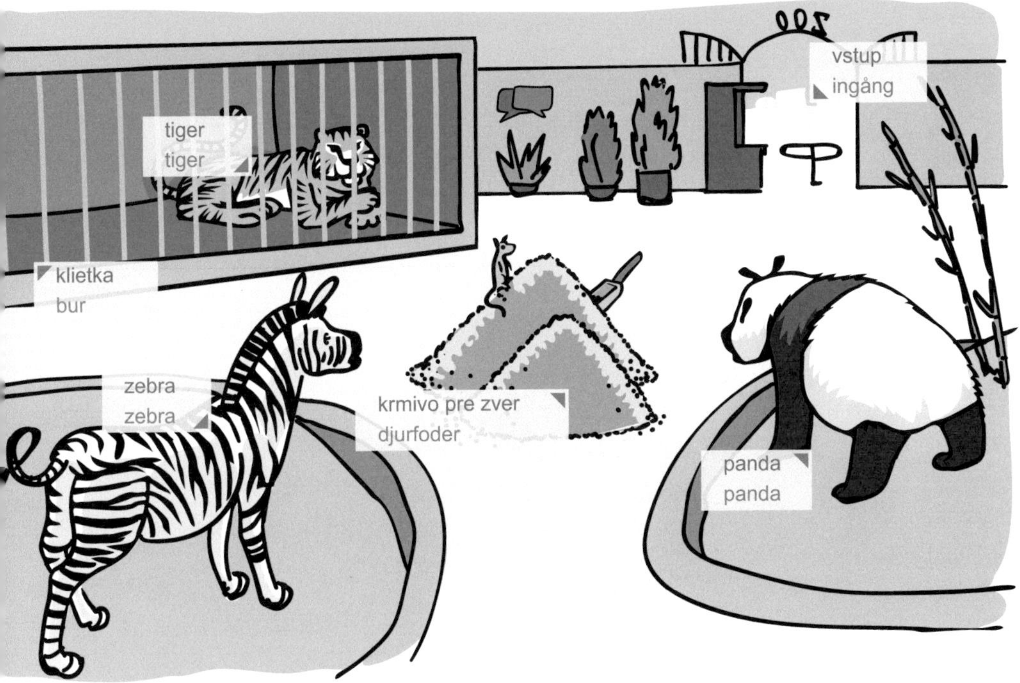

vstup
ingång
tiger
tiger
klietka
bur
zebra
zebra
krmivo pre zver
djurfoder
panda
panda

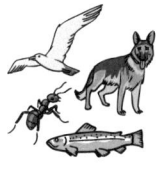

zvieratá

djur

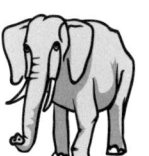

slon

elefant

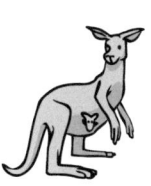

klokan

känguru

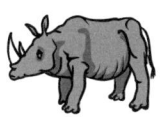

nosorožec

noshörning

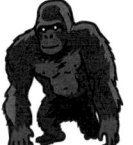

gorila

gorilla

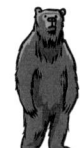

medveď

björn

ťava

kamel

pštros

struts

lev

lejon

opica

apa

plameniak

flamingo

papagáj

papegoja

ľadový medveď

isbjörn

tučniak

pingvin

žralok

haj

páv

påfågel

had

orm

krokodíl

krokodil

ošetrovateľ v ZOO

djurskötare

tuleň

säl

jaguár

jaguar

poník

ponny

leopard

leopard

hroch

flodhäst

žirafa

giraff

orol

örn

diviak

vildsvin

ryba

fisk

korytnačka

sköldpadda

mrož

valross

líška

räv

gazela

gazell

šport
sport

americký futbal
amerikansk fotboll

cyklistika
cykling

tenis
tennis

basketbal
basket

plávanie
simning

box
boxning

hokej
ishockey

futbal
fotboll

bedminton
badminton

ľahká atletika
friidrott

hádzaná
handboll

lyžovanie
skidåkning

pólo
polo

62   šport - sport

skočiť
hoppa

objať
krama

smiať sa
skratta

chodiť
gå

spievať
sjunga

snívať
drömma

modliť sa
be

pobozkať
kyssa

písať	kresliť	ukázať
skriva	rita	visa
tlačiť	dať	brať
skjuta	ge	ta

mať

hagel

robiť

göra

byť

vara

stáť

stå

bežať

springa

ťahať

dra

hádzať

kasta

padnúť

falla

ležať

ligga

čakať

vänta

nosiť

bära

sedieť

sitta

obliecť sa

klä på

spať

sova

zobudiť sa

vakna

pozerať

se på

plakať

gråta

hladkať

smeka

česať

kamma

hovoriť

prata

rozumieť

förstå

pýtať sa

fråga

počuť

höra

piť

dricka

jesť

äta

upratať

städa

milovať

älska

variť

laga mat

jazdiť

köra

letieť

flyga

plachtiť

segla

počítať

räkna

čítať

läsa

učiť sa

lära sig

pracovať

arbeta

oženiť

gifta sig

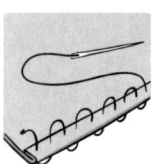

šiť

sy

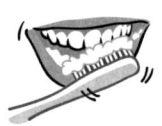

čistiť zuby

borsta tänderna

zabiť

döda

fajčiť

röka

poslať

skicka

rodina
familj

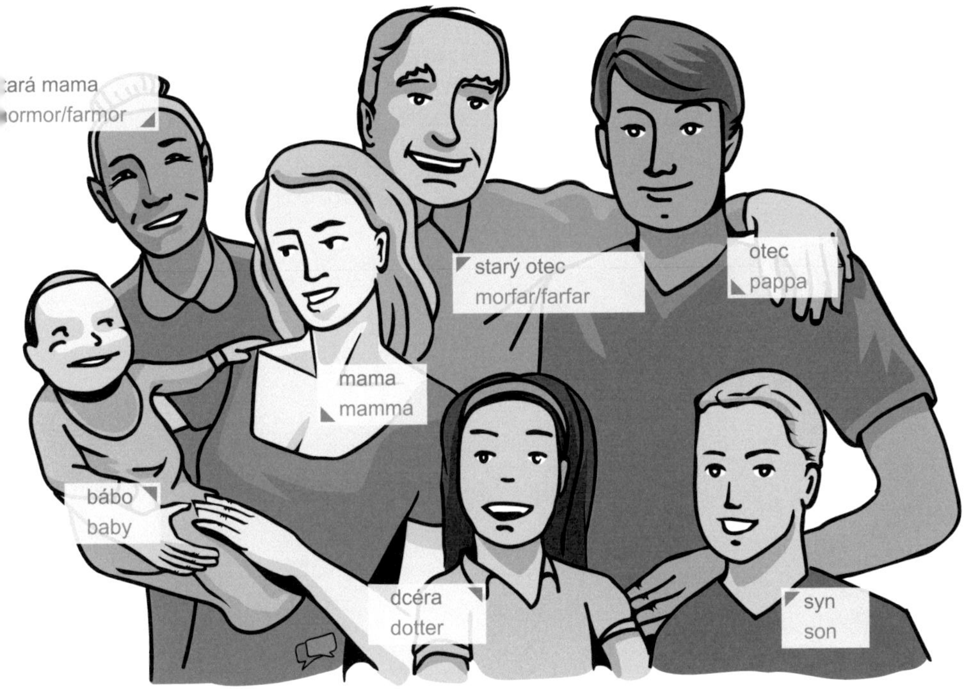

ará mama
ormor/farmor
starý otec
morfar/farfar
otec
pappa
mama
mamma
bábo
baby
dcéra
dotter
syn
son

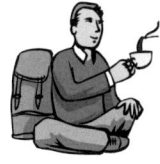

hosť

gäst

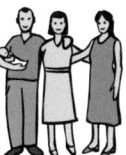

teta

moster/faster

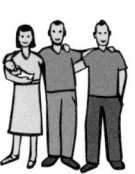

strýko

farbror/morbror

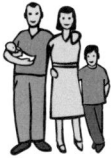

brat

bror

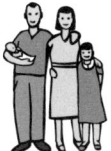

sestra

syster

telo
kropp

čelo
panna
oko
öga
tvár
ansikte
brada
haka
hruď
bröst
prst
finger
ruka
hand
rameno
arm
plece
skuldra
noha
ben

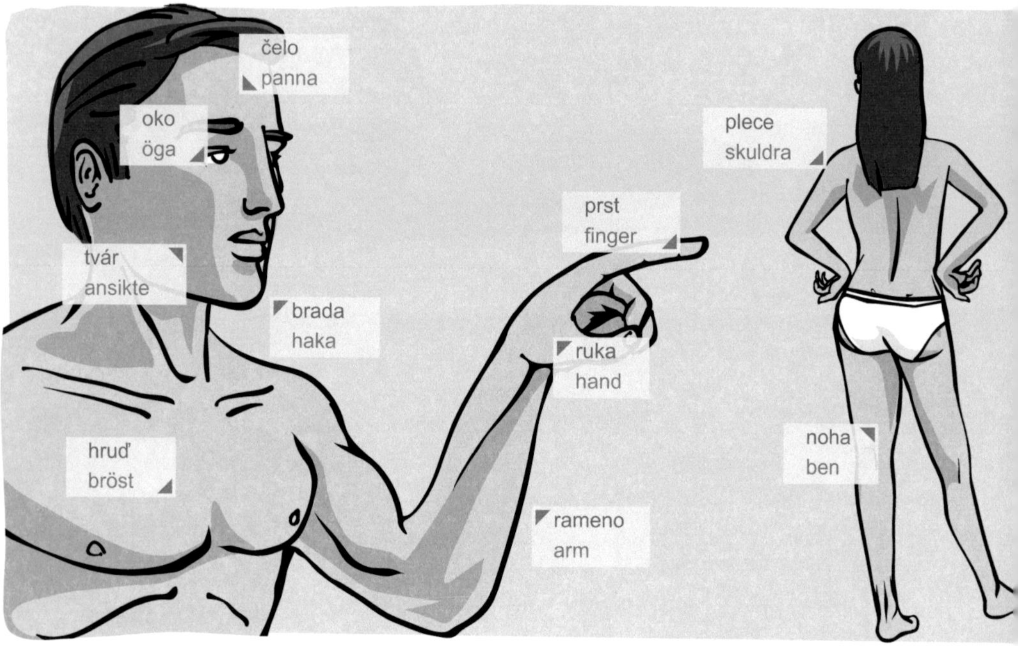

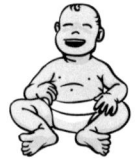

bábo
baby

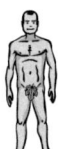

muž
man

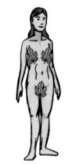

žena
kvinna

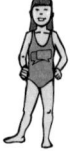

dievča
flicka

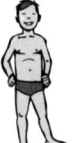

chlapec
pojke

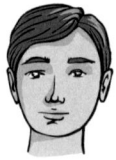

hlava
huvud

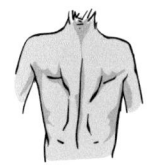

chrbát

rygg

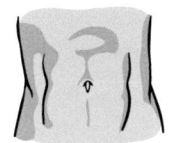

brucho

mage

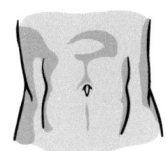

pupok

navel

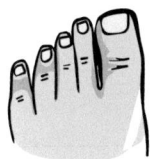

prst na nohe

tå

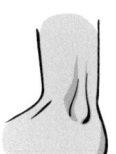

päta

häl

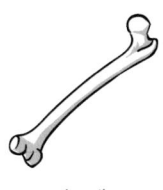

kosť

ben

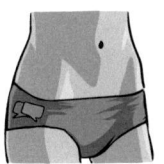

bok

höft

koleno

knä

lakeť

armbåge

nos

näsa

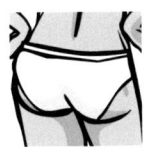

zadok

stjärt

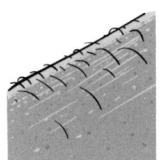

koža

hud

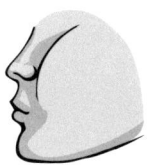

líce

kind

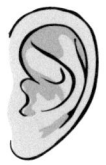

ucho

öra

pery

läpp

ústa
mun

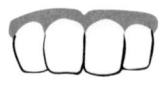

zub
tand

jazyk
tunga

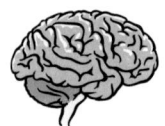

mozog
hjärna

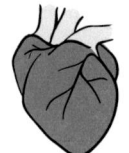

srdce
hjärta

svaly
muskel

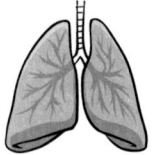

pľúca
lunga

pečeň
lever

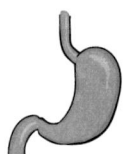

žalúdok
magsäck

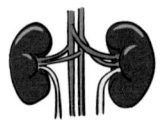

obličky
njurar

pohlavný styk
sex

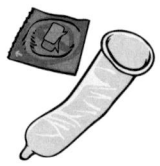

kondóm
kondom

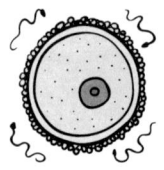

vaječná bunka
äggcell

semeno
sperma

tehotenstvo
graviditet

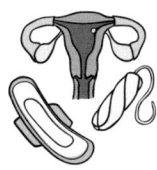

menštruácia

menstruation

vagína

vagina

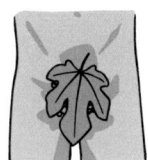

penis

penis

obočie

ögonbryn

vlasy

hår

krk

nacke

nemocnica
sjukhus

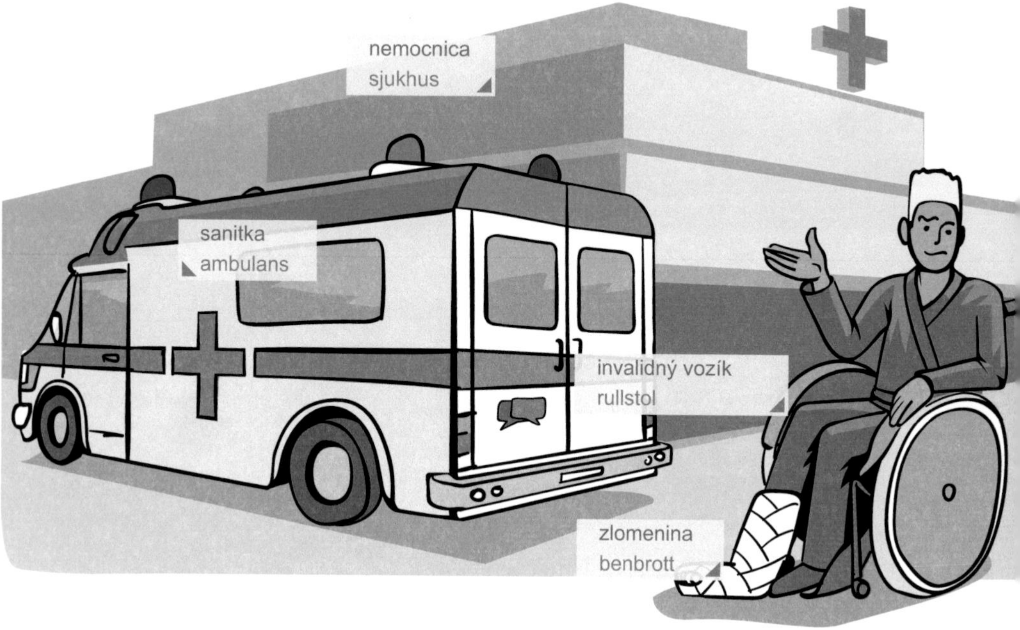

nemocnica
sjukhus
sanitka
ambulans
invalidný vozík
rullstol
zlomenina
benbrott

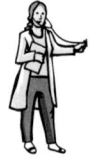

lekár

läkare

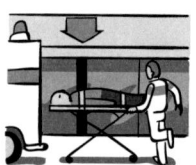

urgentný príjem

akutmottagning

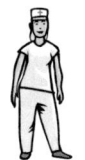

sestrička

sjuksköterska

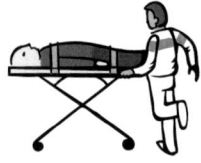

urgentný prípad

nödsituation

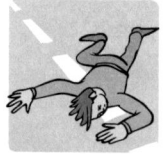

v bezvedomí

medvetslös

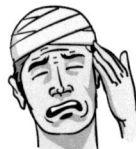

bolesť

smärta

zranenie

skada

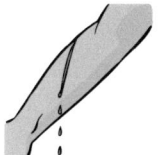

krvácanie

blödning

srdcový infarkt

hjärtattack

mozgová porážka

slaganfall

alergia

allergi

kašeľ

hosta

teplota

feber

chrípka

influensa

hnačka

diarré

bolesť hlavy

huvudvärk

rakovina

cancer

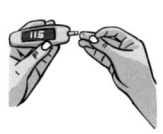

cukrovka

diabetes

chirurg

kirurg

skalpel

skalpell

operácia

operation

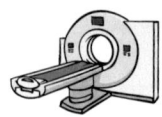

CT
CT

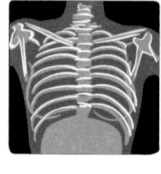

RTG
röntgen

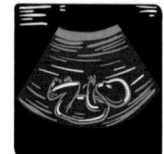

ultrazvuk
ultraljud

maska
ansiktsmask

choroba
sjukdom

čakáreň
väntsal

barla
krycka

náplasť
plåster

obväz
bandage

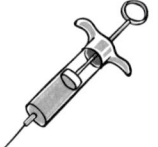

injekcia
injektion

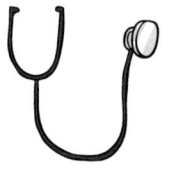

fonendoskop
stetoskop

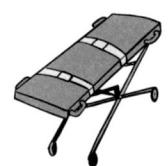

nosidlá
bår

teplomer
termometer

pôrod
födsel

nadváha
övervikt

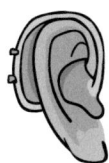

audiofón

hörapparat

dezinfekčný prostriedok

desinfektionsmedel

infekcia

infektion

vírus

virus

HIV / AIDS

HIV / AIDS

medicína

medicin

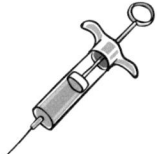

očkovanie

vaccination

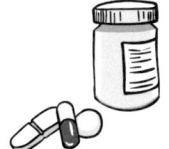

tabletky

tabletter

antikoncepčná pilulka

p-piller

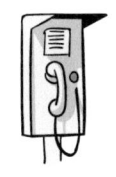

tiesňové volanie

nödsamtal

tlakomer

blodtrycksmätare

chorý / zdravý

sjuk / frisk

Pomoc!

Hjälp!

alarm

alarm

prepad

överfall

útok

misshandel

nebezpečenstvo

fara

núdzový východ

nödutgång

Horí!

Det brinner!

hasičský prístroj

brandsläckare

nehoda

olycka

kufrík prvej pomoci

förbandslåda

SOS

SOS

polícia

polis

Európa

Europa

Severná Amerika

Nordamerika

Južná Amerika

Sydamerika

Afrika

Afrika

Ázia

Asien

Austrália

Australien

Atlantický oceán

Atlanten

Tichý oceán

Stilla Havet

Indický oceán

Indiska Oceanen

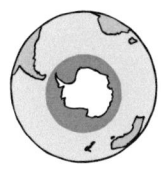

Južný oceán

Antarktiska Oceanen

Severný ľadový oceán

Arktiska Oceanen

Severný pól

Nordpol

Južný pól
Sydpol

Antarktída
Antarktis

Zem
Jorden

krajina
land

more
hav

ostrov
ö

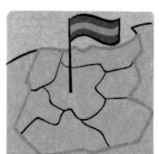

národ
nation

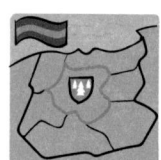

štát
stat

ciferník

urtavla

hodinová ručička

timvisare

minútová ručička

minutvisare

sekundová ručička

sekundvisare

Koľko je hodín?

Vad är klockan?

deň

dag

čas

tid

teraz

nu

digitálne hodiny

digital klocka

minúta

minut

hodina

timme

týždeň
vecka

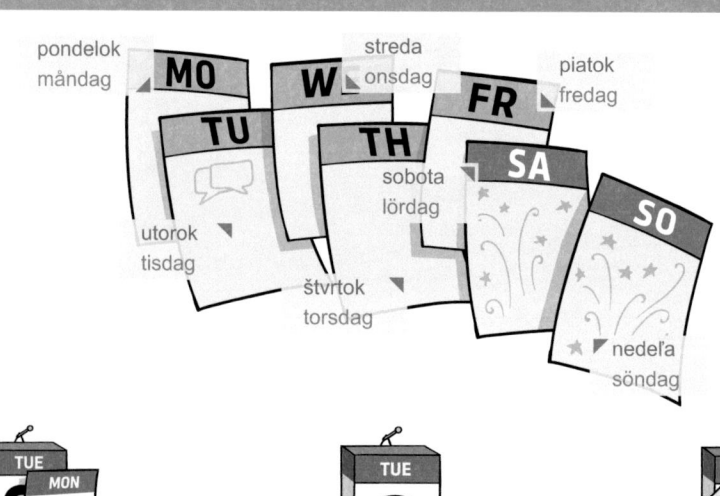

pondelok / måndag
utorok / tisdag
streda / onsdag
štvrtok / torsdag
piatok / fredag
sobota / lördag
nedeľa / söndag

včera

igår

dnes

idag

zajtra

imorgon

ráno

morgon

poludnie

middag

večer

kväll

MO	TU	WE	TH	FR	SA	SU
1	2	3	4	5	6	7
8	9	10	11	12	13	14
15	16	17	18	19	20	21
22	23	24	25	26	27	28
29	30	31	1	2	3	4

pracovné dni

vardagar

MO	TU	WE	TH	FR	SA	SU
1	2	3	4	5	6	7
8	9	10	11	12	13	14
15	16	17	18	19	20	21
22	23	24	25	26	27	28
29	30	31	1	2	3	4

víkend

helg

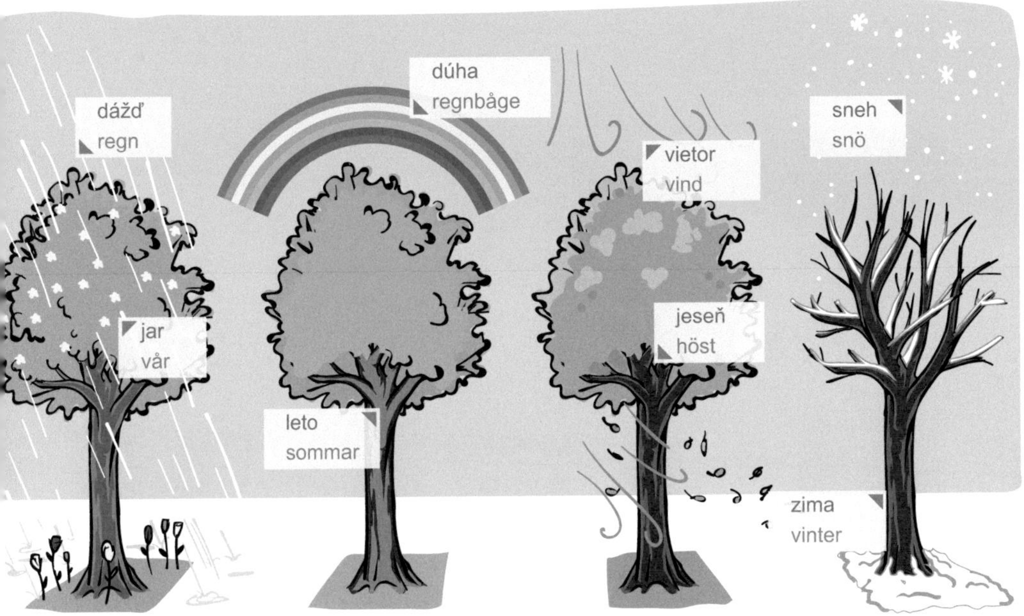

dážď
regn

dúha
regnbåge

sneh
snö

vietor
vind

jar
vår

jeseň
höst

leto
sommar

zima
vinter

4.APRIL	11°	☀
5.APRIL	4°	
6.APRIL	13°	
7.APRIL	8°	
8.APRIL	10°	

predpoveď počasia

väderprognos

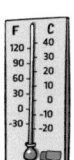

teplomer

termometer

slnečný svit

solsken

oblak

moln

hmla

dimma

vlhkosť vzduchu

luftfuktighet

blesk

blixt

hrom

åska

búrka

storm

krúpy

hagel

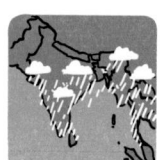

monzún

monsun

záplava

översvämning

ľad

is

január

januari

február

februari

marec

mars

apríl

april

máj

maj

jún

juni

júl

juli

august

augusti

september
....
september

október
....
oktober

november
....
november

december
....
december

kruh
....
cirkel

štvorec
....
kvadrat

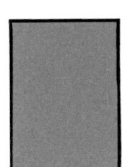

obdĺžnik
....
rektangel

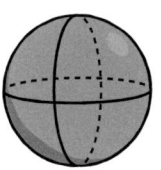

trojuholník
....
triangel

guľa
....
sfär

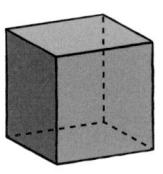

kocka
....
kub

biela

vit

žltá

gul

oranžová

orange

ružová

rosa

červená

röd

fialová

lila

modrá

blå

zelená

grön

hnedá

brun

šedá

grå

čierna

svart

veľa / málo

mycket / lite

zúrivý / pokojný

arg / lugn

pekný / škaredý

vacker / ful

začiatok / koniec

början / slut

veľký / malý

stor / liten

svetlý / tmavý

ljus / mörk

brat / sestra

bror / syster

čistý / špinavý

ren / smutsig

úplný / neúplný

komplett / ofullständig

deň / noc

dag / natt

mŕtvy / živý

död / levande

široký / úzky

bred / smal

chutný / nechutný

ätlig / oätlig

zlostný / láskavý

ond / god

vzrušený / unudený

upphetsad / uttråkad

tlstý / chudý

tjock / smal

prvý / posledný

först / sist

priateľ / nepriateľ

vän / fiende

plný / prázdny

full / tom

tvrdý / mäkký

hård / mjuk

ťažký / ľahký

tung / lätt

hlad / smäd

hunger / törst

chorý / zdravý

sjuk / frisk

nelegálny / legálny

olaglig / laglig

inteligentný / hlúpy

intelligent / dum

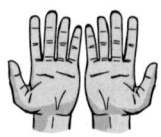

vľavo / vpravo

vänster / höger

blízko / ďaleko

nära / långt bort

nový / použitý

ny / begagnad

nič / niečo

inget / något

starý / mladý

gammal / ung

zapnuté / vypnuté

på / av

otvorené / zatvorené

öppen / stängd

tichý / hlasný

tyst / högljudd

bohatý / chudobný

rik / fattig

správne / nesprávne

rätt / fel

drsný / hladký

grov / slät

smutný / šťastný

ledsen / glad

krátky / dlhý

kort / lång

pomaly / rýchlo

långsam / snabb

mokrý / suchý

våt / torr

teplý / studený

varm / sval

vojna / mier

krig / fred

0

nula
noll

1

jeden
ett

2

dva
två

3

tri
tre

4

štyri
fyra

5

päť
fem

6

šesť
sex

7

sedem
sju

8

osem
åtta

9

deväť
nio

10

desať
tio

11

jedenásť
elva

12

dvanásť

tolv

13

trinásť

tretton

14

štrnásť

fjorton

15

pätnásť

femton

16

šestnásť

sexton

17

sedemnásť

sjutton

18

osemnásť

arton

19

devätnásť

nitton

20

dvadsať

tjugo

100

sto

hundra

1.000

tisíc

tusen

1.000.000

milión

miljon

angličtina

engelska

americká angličtina

amerikansk engelska

mandarínska čínština

kinesisk mandarin

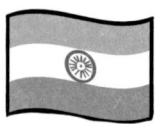

hindčina

hindi

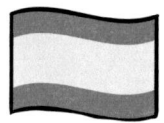

španielčina

spanska

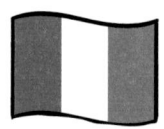

francúzština

franska

arabčina

arabiska

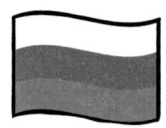

ruština

ryska

portugalčina

portugisiska

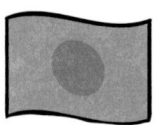

bengálčina

bengali

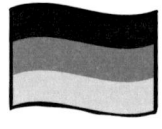

nemčina

tyska

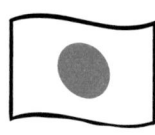

japončina

japanska

ja
jag

ty
du

on/ona/ono
han / hon / den (det)

my
vi

vy
ni

oni
de

kto?
vem?

čo?
vad?

ako?
hur?

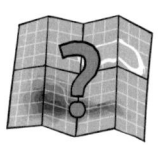

kde?
var?

kedy?
när?

meno
namn

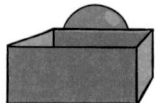

za

bakom

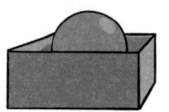

v

i

pred

framför

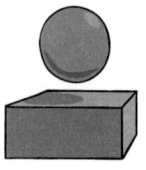

nad

över

na

på

pod

under

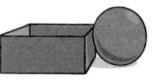

vedľa

bredvid

medzi

mellan

miesto

plats